LA LISTE

JENNIFER TREMBLAY

LA LISTE

récit théâtral

COLLECTION
PARKING P

LES ÉDITIONS DE LA BAGNOLE

Catalogage avant publication de Bibliothèque et Archives nationales du Québec et Bibliothèque et Archives Canada

Tremblay, Jennifer, 1973-

    La liste: récit théâtral

    (Collection Parking)

    ISBN 978-2-923342-19-1

    1. Titre. II. Collection: Collection Parking.

PS8589.R443L57 2008   C842'.54   C2008-016934-1
PS9589.R443L57 2008

L'auteure remercie le Conseil des arts et des lettres du Québec pour l'aide accordée à l'écriture de ce récit théâtral.

Conception graphique et mise en pages: Folio infographie
Révision et correction d'épreuves: Michel Therrien
Illustration: Katy Lemay

ISBN 978-2-923342-19-1

Dépôt légal: 1ᵉʳ trimestre 2012
Bibliothèque et Archives nationales du Québec
Bibliothèque et Archives Canada

GROUPE VILLE-MARIE LITTÉRATURE
Vice-président à l'édition:
Martin Balthazar

ÉDITIONS DE LA BAGNOLE
Éditrice et directrice littéraire:
Jennifer Tremblay

LES ÉDITIONS DE LA BAGNOLE
Groupe Ville-Marie Littérature Inc.
Une compagnie de Quebecor Media
1010, rue de la Gauchetière Est
Montréal (Québec) H2L 2N5
Tél.: 514 523-1182 • Télec.: 514 282-7530
vml@sogides.com
leseditionsdelabagnole.com

Nous reconnaissons l'aide financière du gouvernement du Canada par l'entremise du Fonds du livre du Canada (FLC) pour nos activités d'édition.
Nous remercions le Conseil des Arts du Canada de l'aide accordée à notre programme de publication.
Les Éditions de la Bagnole bénéficient du soutien financier de la Société de développement des entreprises culturelles du Québec (SODEC) pour son programme d'édition.
Gouvernement du Québec – Programme de crédit d'impôt pour l'édition de livres – Gestion SODEC

À Nathalie pour ses truffes inoubliables
À Jean pour ses grimaces mémorables

Plaintes, larmes, reproches ont perdu leur raison.
À jamais éconduits nous cherchons consolation
dans cet oubli qu'on appelle souvenir.

Christa Wolf
Christa T.

Expiration

(Lumière sur une cuisine impeccable. Le personnage entre en scène. Il s'agit d'une femme dans la mi-trentaine.)

Je n'ai pas levé la main sur elle.
Je n'ai pas payé quelqu'un.
Entrez chez elle et assassinez-la.
Et pourtant c'est comme si.
On dirait que je l'ai tuée.
Je suis responsable de sa mort.
Je ne pense pas si je n'avais pas été sur son chemin elle ne
    serait pas morte.
J'étais sur son chemin pour éviter qu'elle meure.
Elle est morte.
J'ai failli à mon devoir.
Vous voyez très bien ce que je veux dire.
Vous marchez dans la rue.
Un enfant tombe.
Vous vous occupez de le consoler.

De le ramener chez lui.
Sa mère vous dit merci.
Elle est émue.
Une chance.
Vous étiez là.
Vous avez été parfait.
À ce moment précis.
Vous avez fait exactement ce qui s'imposait.
Bravo.

Je suis responsable de sa mort.
J'ai manqué de rigueur.
J'ai manqué de discipline.
Il y a beaucoup à faire dans une journée.

Laver draps.
Sortir manteaux d'hiver.
Ramasser feuilles.

Je tiens une liste serrée.
Détaillée.
Je m'y conforme.
Plus encore depuis qu'elle est morte.
Mais j'y arrive mal.
En plus de la liste il y a des imprévus.
Des suppléments.
La nourriture sur le plancher.
La neige sur la voiture.

Le jouet cassé.
La couche pleine de Raphaël.
Son nez coule vert.

Julien a ce don de pleurer tout le temps.

Philippe est si sage qu'il m'inquiète.

Ça va chéri.
Je lui demande souvent.
Ça va chéri.
Les crayons-feutres tombent par terre.
La pâte à modeler colle partout.
Elle sèche si on l'oublie quelque part.
La sauce renversée dans le frigo.
Le riz collé dans la casserole.
La poubelle sent mauvais.

Sortir poubelle.
Appeler garage.
Poster photo.

Chaque geste est suivi d'un autre.
Chaque geste est nécessaire.
Une interminable chorégraphie.
Et elle qui frappait à ma porte.

Il m'est arrivé.

Rarement mais tout de même quelques fois.

Il m'est arrivé de faire semblant que personne n'avait
frappé.

Il m'est arrivé de ne pas bouger.

Elle n'était pas désagréable Caroline.

Il ne faut pas croire que je fuyais une chipie.

Il y a des chipies au village.

J'ai pris l'habitude de fuir.

Fuir tout ce qui appartient à ce village.

Le champ m'aspire.

Les fenêtres très grandes dans toute la maison.

Il n'y a que des champs devant moi.

Secs.

Fades.

Infertiles.

Je ne veux pas être là.

Mon mari dit c'est toi qui as voulu venir ici.

Tu as exigé la campagne.

J'ai voulu venir ici pour qu'il soit avec moi.

J'ai voulu venir ici pour l'éloigner de tout.

Je veux toute son attention.

Je pensais l'aspirer totalement mon mari.

Être sa seule nourriture.

Je pensais qu'il ne penserait plus qu'à me regarder mûrir.

Je pensais qu'ici je deviendrais sucrée.

Mais je suis un fruit amer.

En pleine ville.

Ou en plein champ.

Je reste un fruit amer.
Mon mari continue de devoir partir.
Et moi je continue de devoir rester.
Ici dans ce champ mort.

Réserver restaurant.
Acheter bonnet bleu.
Purées.

Depuis la mort de Caroline.
Il ne reste plus que des chipies.
Je ne peux pas échapper au paysage.
Mais je peux échapper aux gens.

Nettoyer frigo.
Changer piles avertisseurs.

Ça se calcule en secondes.
Ou peut-être en minutes.
Il n'y a que l'absence qui puisse m'aspirer ainsi.
Toutes mes forces m'abandonnaient.
Toutes mes forces m'abandonnent.
Tout à coup je ne sais plus.
Comment j'y arriverai.
Mettre les pommes dans le robot culinaire.
Je ne sais plus.
Pourquoi j'ai fait cuire des pommes.

Ce que veut dire ce mot.
Pomme.
Je veux être un chameau.
Libre dans le désert du Sahara.
Je veux être un platane.
Immobile sur les Champs-Élysées.
Je veux être cette prostituée d'Amsterdam.
Superbe sur ses talons hauts.

Julien hurle.

Philippe pleure.

Raphaël tombe.

Je ferme les yeux.
Je pense je ne suis pas leur mère.
Ils ne sont pas mes enfants.
Je ne veux plus d'eux.
Je ne veux plus de moi.
Il faudrait qu'ils sachent se passer de moi.
Respire.
Il va rentrer bientôt.
Il rentre fatigué mon mari.
Il y a la route à faire depuis qu'on habite ici.
Son arrivée n'est pas un soulagement.
Ni pour lui ni pour moi.

Ses yeux fatigués.
Mes bras ne se tendent pas.
Je vais le bouder.
Il va m'ignorer pour ne pas en souffrir.
Demain matin il va repartir.

Vider lave-vaisselle.
Décongeler poulet.
Vérifier filtre.

Il m'arrivait de ne pas ouvrir la porte à Caroline.
À force d'être seule je n'ai plus su être avec quelqu'un.
Je ne voyais pas l'utilité de sa présence.
Mon existence était misérablement vaine.
Chacun de mes gestes devait avoir un but.
Mais aucun n'était utile.
Lui ouvrir la porte ne me servait à rien.
Bien au contraire.
Lui ouvrir la porte me nuisait considérablement.
Sa ribambelle.
Des nez coulants.
Des doigts collants.
Ils foutaient tout en l'air.
Mes efforts pour garder le piano noir.
Le noir du piano.
Impeccable.
Les bonnes habitudes.
La gestion des jouets.
Les règlements.

Ne pas escalader la rampe.

Ne pas sauter sur le fauteuil.

Ne pas sortir les casseroles de l'armoire.

Les casseroles ne sont pas des tam-tams.

Ni des marteaux.

Bing bang sur le piano.

Je leur offrais des collations.

Ils mangeaient partout.

Sauf autour de la table.

Je leur offrais des jus.

Les traces autour de leurs bouches.

J'accourais avec des débarbouillettes.

Trop tard.

Les traces avaient disparu.

Il arrivait aussi que Caroline vienne seule.

Le mercredi.

Le seul jour où mes enfants vont à la garderie.

Le mercredi est pour moi.

Je prépare une salade.

Je mange ma salade devant la télé.

C'est la seule journée où je mange en pensant je mange.

Je savoure la nourriture dans ma bouche.

Je bois du vin.

Je vide une boîte de chocolats.

Je fais la sieste.

Je me réveille en sursaut.

La fin du jour sur le champ.

La maison est impossible à réchauffer.

Il faut déjà partir.

Aller chercher les enfants.

Revenir à la nuit tombée.

J'arriverai avant mon mari.
Quand j'ouvrirai la porte il n'y aura personne pour
    m'accueillir.
Il faudra appliquer des principes.
Faire cuire des légumes.
Réchauffer la viande doucement.
Les gestes ne me pèsent pas.
Ce qui me manque c'est un regard.
Un regard qui serait léger.
La connivence d'un ami.

Classer photos.
Réparer pantalon.
Appeler Michèle.

Le mercredi est un jour précieux.
Je ne voulais pas partager mon mercredi.
En tout cas pas avec Caroline.
Caroline était née dans ce village.
Elle était ce village.
Elle avait souvent une tache sur son chandail.
Elle n'allait pas en ville.
Était gentille.
Avait fait son cégep.
Mis au monde quatre enfants.
Ne travaillait plus.
Avait une petite maison au bord de la grand-route.
Là-bas.
Je ne voulais pas franchir le seuil.

Je détestais le désordre de cette maison.
Le fauteuil.
Elle m'invitait à m'asseoir.
Elle cherchait tout.
Deux tasses.
La théière.
La boîte à tisanes.
Un bordel.
Le panier de linge sale au milieu du salon.

Au milieu.

Le panier régnait au milieu du salon.
Un bordel.
Un bordel.

Appeler petites annonces.
Poster impôts.
Cadeau Mylène.
Épicerie.

Oppression

Mon mari dit nous allons à ce pique-nique.
Je boude sur le grand canapé noir.
Raphaël couché sur mon ventre en armure contre lui.
Il s'insurge et s'agite.
Tu dis je suis seule.
Tu dis je m'ennuie.
Tu pleures et tu grinces.
Nous allons à ce pique-nique.
Il y aura des mères.
Il y aura des pères.
Des enfants.
Des chiens.
Tous les villageois de ce village.
Tu diras bonjour.
Tu diras je suis nouvelle ici.
Tu tendras ta main.
C'est ainsi que la vie se passe.
Les gens se rencontrent sur des gazons verts.

Ils se font rire.
Ils se revoient.
Ils s'invitent.
Ils partagent leur piscine.

La joie sur le gazon vert.
Des millions de chipies.
Chacune son mari.
Le monsieur du club.
Le monsieur du conseil.
Le monsieur de l'association.
Et Caroline assise sur sa couverture jaune.
Bonjour je m'appelle Caroline.
Bonjour je suis nouvelle ici.
Nous aimons toutes les deux les sandwichs au jambon.

Carte de membre piscine.
Inscription cours natation.
Repasser chemise noire.

Caroline s'époumone à organiser des jeux.
C'est la fête de sa fille.
Nous avons accepté l'invitation.
Nous habillons les garçons.
Samedi.
Treize heures.
L'heure des anniversaires.
Toc toc chez Caroline.

Elle a poussé le panier de linge sale.

Elle a accroché quelques ballons.

Des guirlandes pendouillent du plafond.

L'ampoule blanche se balance.

Il y a des dessins sur les murs.

Chez nous les dessins se dessinent sur des feuilles
   blanches.

J'écris le nom et la date.

Je fixe les dessins sur un tableau d'affichage.

Un certain temps.

Je les range dans des boîtes en plastique clairement
   identifiées.

Ici les dessins se dessinent sur les murs.

Les uns par-dessus les autres.

Et personne ne s'en offusque.

Ça me rend dingue.

Il y a beaucoup de cadeaux sur la table.

Camille est contente.

Mamie et papi sont venus.

Et puis l'autre papi et l'autre mamie aussi.

Une poupée flambant neuve dans un sac.

Du maquillage pour les petites filles.

Un sac à main en peluche rose.

Une Barbie ballerine qui tourne quand on appuie sur
   le bouton.

La petite embrasse tout le monde.

Elle ne sait plus qui lui a donné quoi.

Encore un bisou à papi.

Elle l'aime plus celui-là c'est clair.

Elle m'embrasse moi aussi.

Ça me fait plaisir ma grande.

Je dis ma grande.

C'est pour la flatter.

Elle est minuscule.

Elle bouge tout le temps.

Elle est toujours ailleurs.

Sur un nuage en Chine.

Dans un château sur Mars.

Elle est exaspérante avec ses réclamations en douze copies.

Elle ment en faisant des clins d'œil pour nous avertir
qu'elle est en train de mentir.

Cette petite fille en vaut mille.

Je la veux si personne ne la prend.

Caroline organise encore un jeu.

Les enfants crient et rient.

Ils se foutent de Caroline.

Puis quand elle se tait ils réclament un jeu.

Caroline est une mère dévouée.

Elle recommence.

Elle allaite le bébé en animant le jeu de l'âne.

Son mari est assis sur le divan.

Il règle l'histoire des pneus d'hiver avec le beau-frère.

Tassez-vous je fais la vaisselle.

Je fais la vaisselle et je sacre mon camp.

Camille nous embrasse encore.

Merci d'être venus à ma fête!

J'aime ton dessin sur le mur Camille.

Il a l'air d'un chef-d'œuvre qui serait tombé de sa toile.

Essoufflement

(Musique. Une musique mélancolique. Peut-être une berceuse.)

Raphaël était un bébé qui pleurait.
L'arbre au bout du champ m'aspirait.
Je le voyais bien de la fenêtre où je berçais Raphaël.
Il était seul dans son champ.
J'étais seule dans ma maison.
Il était vulnérable.
Soumis aux vents.
Les vents terribles de ce village.
Pleure mon enfant.
Je sais que tu vas venir à bout de mes larmes.
J'ai des chansons en réserve.
J'ai mon sein plein de lait.
Bois.
C'est délicieux d'être ta mère.
Je déteste ce champ.
Cette maison.

Ce village.
Mais au moins je suis ta mère.
Il me reste ça.
C'est beaucoup.
Ça suffit maintenant.
Ne pleure plus.
Tu dors presque.
Voilà.

Réparer raquette.
Préparer invitations.
Payer carte crédit.

Il fallait les habiller tous les trois.
C'était chaque fois comme recommencer toute sa vie.
Sortir les vêtements.
Julien a perdu un bas de laine.
Il veut ses mitaines par-dessus ses manches.
Pas ce chapeau-là.
Mais c'est le plus chaud mon chéri.
Pas ce chapeau-là.
Il est têtu comme une mule.
Il n'y a plus de bouton à ce manteau.
Il n'y a plus de lacets à cette botte.
Il n'y a plus de foulard dans ce tiroir.
Tout est à recommencer.
À réparer.
À répéter.
J'enfile mon manteau.

Et puis non.
Je ne vais pas pouvoir partir.
Il arrive parfois que je n'y arrive pas.
Les enfants ne comprennent pas.
Maman veut partir.
Maman ne veut plus partir.
C'est comme ça.
Regarde l'arbre au bout du champ.
Un jour nous marcherons jusqu'à lui.
Mais pas aujourd'hui.
Je range les manteaux.
Au fond de la penderie.
Je sais que je finirai là.
Au fond de la penderie.
Cet endroit m'interpelle.
C'est une plage à Cuba.
Un monastère au petit matin.
Je me fais la promesse d'y venir.
Fermer la porte.
Sous les vêtements.
Dans la poussière.
Avec les souliers.
Avec les jouets.
Je sais que je finirai là.
Mon mari rentrera.
Où es-tu.
Dans la penderie.
Que fais-tu.
J'attends quelqu'un.

Caroline peignait des fleurs.
Des jolies maisons.
Des clôtures.
Elle arrivait malgré le vent.
Elle arrivait à pied.
Elle poussait le carrosse double.
Antoine accroché à son dos.
Les voitures roulaient vite.
L'effleuraient presque.
Elle arrivait gelée.
Les mains froides.
Elle venait dire bonjour.
Elle avait habillé les quatre marmots.
Lutté contre le vent.
Réparé les bobos.
Remis les mitaines.
Donné des consignes.
Ajusté les bonnets.
Haï le mécanisme du carrosse.
Retroussé la couverture.
Elle avait eu froid.
S'était essoufflée.
Pour venir dire bonjour.
Me dire.
Bonjour.
Toc toc.

Ce soir-là j'ai décidé d'aller voir un film.
J'ai décidé d'appeler Caroline.
Elle a dit oui.

Je pensais que ce serait plus compliqué.

Je viens te chercher.

Je suis restée sur le seuil.

Les enfants couraient partout.

Nus comme des vers.

On ne savait pas trop.

Lequel sortait du bain.

Lequel allait y entrer.

Caroline a cette attitude.

L'attitude des mères qui partent.

Allez viens.

Viens Caroline.

On ne va pas s'en vouloir de sortir une fois par année.

Elle rit.

On est bien trop joyeuses.

On n'arrête plus de rigoler.

Deux gamines qui font un mauvais coup.

Non mais qu'est-ce que c'est que ces enfantillages.

Ces petits rires.

Ces gloussements.

Elle ne sait même pas quel film on va voir.

J'ai oublié de lui dire.

Comme quoi on s'en christe pas mal.

Comme quoi on voulait juste christer notre camp.

Mais je ne dis pas ces mots-là avec Caroline.

C'est une fille délicate.

Elle peint des paysages avec des maisons.

Des fleurs sur des vases.

Des clowns souriants sur les murs des chambres
    de ses enfants.

Dans l'auto elle glisse cette phrase.
J'en veux peut-être un autre.
Un bébé.

Un autre bébé.

Elle m'exaspère.
Cette fille mérite une fessée.
Il y a des limites.
Ça va faire.

Qu'est-ce que t'aimes Caroline dans le fait d'avoir
    des enfants?
Ma question n'est pas honnête.
Elle lui fait la leçon.
Elle la coince au coin du mur.
Ma question n'est pas honnête.
Ma question veut dire qu'est-ce que t'aimes de toute
    cette misère.
Mais Caroline est une fille honnête.
Elle n'entend que les mots que j'utilise.
Qu'est-ce que t'aimes Caroline dans le fait d'avoir
    des enfants?

Elle répond.
Aucune hésitation.
J'aime la facilité d'aimer des enfants.

Nous sortons de la voiture.
J'aime la facilité d'aimer des enfants.
Nous entrons dans le cinéma.
J'aime la facilité d'aimer des enfants.

J'aime la facilité d'aimer des enfants.
Même encore.
Des mois après.
Je ne sais pas où ils vont.
Les virgules.
Les accents toniques.
Je fais des essais.
J'essaie de trouver le sens.
J'aime la facilité qu'ont les enfants à aimer.
J'aime la facilité que j'ai d'aimer les enfants.
C'est facile pour moi d'aimer mes enfants.
Mes enfants m'aiment et j'ai besoin de cet amour.
J'ai besoin que quelque chose soit facile et l'amour
    des enfants facilite tout.
J'aime mes enfants mes enfants m'aiment tout ça
    est simple et facile.

J'ai acheté deux pop corn.
On avait tout mangé avant la fin des bandes-annonces.
Attention ça commence.
Alexis embrasse Donalda.
Séraphin fabrique une tombe.
Alexis part au chantier.
Donalda épouse Séraphin.

Nous pleurons tellement.
Nous ne respirons plus.
Nous retenons tout.
Nous allons hurler.
Donalda prisonnière du froid cru de l'hiver laurentien.
Nous connaissons l'intrigue.
L'issue.
Le dénouement.
Nous connaissons la musique.
La couleur.
Les costumes.
L'époque.
Les comédiens.
Nous reconnaissons le mouvement de la caméra.
Ce maquillage est raté.
Cette réplique est maladroite.
Donalda découvre le contenu du grenier.
Je sais que je pleurerais moins si Caroline n'était pas là.
Nos douleurs se frappent au-dessus de nos têtes.
Nous voulons être Donalda.
Pour ne pas épouser Séraphin.
Avoir faim.
Être désespérée.
Perdre Alexis.
Se cacher.
Se soumettre.
Avoir mal.
Mourir jeune.

Nous sortons sans nous regarder.
Nous rentrons nous coucher.

Réserver machine à tapis.
Commander stores.
Rendez-vous vaccins.

Syncope

Toc toc.
C'est Caroline.
Caroline sans sa marmaille.
Elle a une nouvelle.
Une nouvelle nouvelle.
Pas besoin d'un dessin.
Elle va avoir un bébé.
Un autre bébé.
Le cinquième.
Ce sera sûrement un garçon.
Il faudrait bien un deuxième garçon.
Caroline n'est pas triste.
Elle n'est pas contente non plus.
Je la serre dans mes bras.
Bravo.
Quelle belle et grande famille ça fera.
Wow.
Elle réclame un chocolat chaud.

Il faut comprendre mon étonnement.

Cette fille discrète et timide.

Elle s'assoit sur ma chaise berçante.

Elle dit ah.

Fais-moi un chocolat chaud.

Il faut comprendre mon émotion.

J'ai toujours espéré que mes amis de la ville viendraient.

Sans s'annoncer.

Toc toc.

Salut.

J'avais envie de te voir.

Fais-moi un bon spaghetti.

Fais-moi une tartine à la confiture.

J'avais besoin de te voir.

J'ai apporté mon pyjama.

Bien sûr.

Bien sûr.

Bien sûr que j'ai une place pour toi.

Quel genre d'oreiller tu préfères.

On va ouvrir une bouteille.

On va faire un feu.

Raconte-moi ce qui t'arrive.

Je n'entends pas le vent dehors quand tu parles.

Je couche les petits.

Puis tu me racontes tout.

Mais non.

Il faut prendre rendez-vous.

Il faut se dire l'heure.

L'adresse.

Il faut ne pas être trop fatigué.

Ne pas être trop occupé.

Mes amis sont des gens compliqués.
Mes amis sont des gens intelligents.
On peut les joindre sur leurs cellulaires.
Ils apportent des fleurs.
Du vin.
Du pain croûté.

Il faut comprendre ma joie.
Caroline accaparant la chaise la plus confortable.
Exigeant que je lui prépare un chocolat chaud.
Elle a le mot précis.
Le geste sûr.
Il y a un bébé dans ce ventre.
Il y a un désir dans cette femme.
J'avais un pot quelque part dans l'armoire.
Du chocolat belge en poudre.
J'ai ajouté de la cannelle.
Caroline était d'accord pour la cannelle.
Je n'ai pas cessé de remuer le lait.
Pas un seul instant.
Pas question que ce lait colle au fond.
Pas question de rater ce chocolat.
Une jolie tasse.
Une soucoupe.
Voilà Caroline.
Et toi qu'elle demande.
Ben non.
Je n'en ai pas fait pour moi.
J'ai oublié.
Elle rit.

Assise là.
Sur ma chaise berçante.
Elle rit.
Elle rit en buvant mon chocolat belge.

Caroline sait que je connais bien cette pagaille.
Les médecins.
Les hôpitaux.
Les sages-femmes.
Les méthodes.
Les interventions.
Les philosophies.
Elle compte sur moi.
Vous voyez comme elle compte sur moi.
Avec mon chocolat chaud.
Sur ma chaise berçante.
Elle se berce plus vite.
L'accélération à peine perceptible.
Mais je suis tout près.
Je le vois bien.
Elle s'énerve.
Vous voyez comme elle s'énerve.

Elle raconte.
Elle dit mon médecin.
Mon médecin je ne lui fais pas confiance.
Il est vieux.
Il est laid.
Il est myope.

Il est bougon.
Mes accouchements.
De pire en pire.
De plus en plus risqués.
De plus en plus compliqués.
D'un enfant à l'autre.
Ça va de plus en plus mal.
Mon médecin.
Il est vieux.
C'est un vieux con.
Je ne dis jamais ça des gens.
Mais pour lui c'est plus que vrai.

Je te le jure.
Je dois changer de médecin.
T'imagines.
Mes quatre enfants orphelins.
J'ai peur.

Elle avait vraiment peur.
Je ne voyais pas où était le drame.
Elle a vidé sa tasse d'un trait.
Je ne comprenais pas sa panique.
Il y a des médecins à tous les coins de rue.
Nous sommes au vingt-et-unième siècle.
Non.
Vraiment.
Ça me faisait presque sourire.
T'en fais pas Caroline.

Je vais te donner le nom de mon médecin.

Celle qui était là quand Raphaël est né.

Elle est géniale.

Allons.

Tu vas voir.

Ça va bien se passer.

Je vais retrouver le numéro.

Tu devras voyager.

Aller souvent en ville.

C'est loin chez mon médecin.

Mais Caroline est d'accord.

Elle veut essayer.

Elle veut vraiment voir mon médecin à moi.

Ça la rassure cette idée.

Laisse-moi retrouver le numéro.

Il doit être quelque part.

Je ne sais plus où.

Je te redonne des nouvelles.

Smack smack sur le seuil.

Et Caroline qui s'en va.

La main sur le ventre.

Il fait froid.

L'air est glacial.

Elle est venue à pied.

Veux-tu que j'aille te reconduire.

Non non ça va.

Je n'insiste pas.

Il y a trop à faire.

Elle m'envoie la main.

Elle crie merci.

Je suis bien chez toi.

Récupération.
Pharmacie.
Trouver numéro médecin.

La gestion des listes est une activité complexe. Les éléments d'une même liste n'ont pas tous la même importance. Je ne suis pas raisonnable. Mes listes sont interminables. Il y a du superflu. Je veux dire qu'il y a des tâches que j'accomplirais sans les avoir notées. «Lavage», par exemple, est un élément superflu. Le lavage est une obligation qui va de soi. Il y a aussi, sur mes listes, des tâches urgentes. «Acheter lait» est une urgence. «Payer carte crédit» est aussi une urgence. Je ne peux pas me soustraire à ces tâches. Je dois m'y soumettre. Malgré l'humeur des enfants. Malgré ma fatigue. Il y a les tâches amusantes. «Acheter cadeaux». «Décongeler tarte au sucre». Et puis il y a les tâches flottantes. Les plus compliquées. Elles sont souvent passagères. Ce sont les seules qui disparaissent d'elles-mêmes sans qu'on les ait accomplies et sans que cette négligence ait une quelconque incidence sur le déroulement normal de l'existence. Ce sont des tâches arbitraires. Tiens, sur ma liste d'hier, j'ai écrit «Appeler dentiste». Hier, je trouvais important d'aller au plus vite chez le dentiste. Mes dents étaient trop jaunes, hier. Ce matin, je les trouvais blanches. Assez blanches pour ne pas aller chez le dentiste. Vous voyez, ça dépend des humeurs. «Trouver numéro médecin». J'ai mal traité cette tâche. Il fallait que je réagisse tout de suite. Il n'y a pas à revenir là-dessus. C'était une urgence. Je l'ai traitée comme une tâche flottante. Je la réécrivais d'une liste à l'autre. Parfois, je ne la réécrivais pas. Je la retrouvais sur une vieille liste. Ça me rappelait que j'avais promis. Et je la recopiais encore une fois. J'ai noté cette tâche pendant des mois. Comme «Repeindre clôture». Comme «Recoudre boutons».

Une fois j'ai ouvert le tiroir sous le téléphone.
Ouvert mon carnet d'adresses.
Cherché dans M pour médecin.
Fouillé dans mon portefeuille.
Je n'avais plus ce numéro.
Il fallait que j'appelle le 411.
J'ai écrit sur ma liste appeler 411.
J'ai fini par oublier pourquoi je devais appeler le 411.
Il faut être précis sur les listes.
Il faut être rigoureux avec les listes.

Étouffement

Lait.
Fromage.
Couches.

Noël arrivait.
La liste des listes.
La liste des revenus.
La liste des dépenses.
La liste des cadeaux.
La liste des cartes de souhaits.
La liste des plats.
La liste des invités.
La liste des courses.
La liste d'épicerie.
23 décembre.
Toc toc.
C'est Caroline.
Elle a des truffes pour moi.

Je les cache.

Je veux les manger seule.

Après Noël.

Un mercredi.

Elle rit.

Je l'embrasse.

Malgré sa ribambelle.

Malgré son ventre et ses listes à elle.

Elle a préparé des truffes.

Il y en a dix pour moi.

Elle dit je rêve d'être pâtissière.

Elle aura deux cuisines.

Une cuisine pour les truffes et les gâteaux.

Je la crois.

Elle a la mine ronde et sucrée d'une pâtissière.

Elle redit je veux ce numéro.

Sur le seuil.

Je veux ce numéro s'il te plaît.

Je l'écris encore sur ma liste.

Une liste toute neuve sur un carnet fait pour ça.

Trouver numéro médecin.

Rendez-vous coiffeur.

Emballer cadeaux.

Ampoules sapin.

Réparer chaise.

Sortir jeux.

Charger batteries.

Les insectes s'agglutinent au bas des fenêtres.
C'est encore pire l'hiver.
On a l'impression de vivre chez eux.
Le vent hivernal.

Suffocation

La fonte des neiges.
La boue printanière.
La crue des eaux dans la cave.
Trois pouces de liquide brunâtre.
Les boîtes s'imbibent et les souvenirs flottent.

Appeler assurances.
Acheter pièges à fourmis.
Laver plancher.

J'ai de moins en moins vu Caroline.
Sauf une fois.
En mai.
Sur mon balcon.
Les vents de mai viennent du large.
On ne voit pas la mer.

Mais elle vient jusqu'à nous.
Les vents de mai arrachent tout.
Ils déferlent.
Caroline était atrocement grosse.
Essoufflée.
Enflée.
Découragée.
Nos ribambelles couraient entre les balançoires.
Elle n'est pas restée longtemps.
Elle n'a pas reparlé du médecin.
J'ai cru qu'elle n'avait plus besoin de ce numéro.
J'ai bien voulu croire qu'elle ne le voulait plus.
J'ai totalement cessé de l'écrire sur ma liste.
Puis je n'ai plus pensé à tout ça.

Et puis ça y est.
Caroline téléphone de l'hôpital.
J'aimerais que vous soyez parrain marraine.
Il n'y a que vous.
Je vous fais confiance.
J'accours à l'hôpital.
Il est beau mon filleul.
Bonjour Léo.
Je suis ta marraine.
J'aime tes grandes mains maigres.
Tu ressembles à ta sœur Camille.
Le visage rond.
Les lèvres minces.
Caroline est d'accord là-dessus.
Elle retourne dans son lit en s'excusant.

Affaiblie par la césarienne.
Inquiète des transfusions sanguines.

Le médecin.
Le vieux con.
Il a accroché une artère.

Elle a saigné comme un bœuf.
Caroline blanche comme un drap.
Léo jaune comme un poussin.
Ils se font une lune de miel.
Dans les draps d'hôpital.

Caroline rentre de l'hôpital.
Vite vite.
C'est l'anniversaire de Cassandre.
Samedi.
Treize heures.
Encore une invitation.
Non merci pour nous.
Caroline recommence.
Les ballons.
Les guirlandes.
Le gâteau.
Les papis et les mamies.
Léo tète tout le temps.
Le panier de linge sale déborde.

Caroline va s'évanouir.
Caroline va s'évanouir.
Caroline s'évanouit.

Ça ne va pas bien.
Ça ne va pas bien du tout.
Restez couchée madame.
Ils disent ça au CLSC quand elle appelle.
Et l'anticoagulant?
C'est un mystère.
Ça échappe à tout le monde.
Il n'a pas été suggéré.
Il n'a pas été prescrit.
Personne ne l'a réclamé.
Le médecin est myope.
Les infirmières débordées.
Caroline a été transfusée sans anticoagulant.
Et le reste de l'univers regarde ailleurs.
C'est la pleine lune.
Et le caillot monte.
Direction poumon.
Il a le champ libre.
Il fait son petit bonhomme de chemin.
Dans le corps couché de Caroline.
C'est facile pour lui.
Il mène sa vie tranquille de caillot.
Caroline a du mal à respirer.
Léo tète.
Il refuse de se défaire du mamelon.
Il hurle.

Laisse-moi ce mamelon.
Laisse-moi ce lait.
Reste maman.
Je n'ai pas tout pris.
Reste maman.

Nous entrons chez elle.
Caroline où es-tu.
Ici dans mon lit.
Que fais-tu.
Léo tète encore.
Elle demande à mon mari de faire cuire le foie.
Elle murmure.
Le souffle court.
Fais cuire le foie.
Ça me donnera des forces.
Mon mari fouille dans le frigo.
Il apporte le morceau de foie à la maison.
Nous lui disons à demain.
Dors.
Repose-toi.

Facile à dire.

Au petit matin.

Les toasts de Julien.

Le gruau de Raphaël.

Où est passé Philippe.

Le foie de Caroline saisi dans le beurre fondu.
Mon mari veille sur ce foie.
Il ne faut pas rater ce foie.
Le foie se mange parfait.
Ou ne se mange pas.
Le téléphone sonne.
Réponds.
Non réponds toi.
Je m'occupe du foie.
Je m'occupe de Philippe.
À cette heure-là c'est ta mère.
À cette heure-là c'est ta sœur.
Oui allô.
Pendant la nuit.
Cette nuit.
Sur la civière.
Dans l'ambulance.
Caroline est morte.

Mon mari accourt.
Il prend le mari de Caroline dans ses bras.
Le papi.
La mamie.
Il rapporte le panier de linge sale.

Je lave les collants au cycle délicat.

Le vieux con ne lui a pas donné d'anticoagulant.

Je lave les petites culottes avec les serviettes et
les débarbouillettes.

Il a accroché une artère.

Je lave les robes et les jupettes.

Elle a saigné comme un bœuf.

Les salopettes et les t-shirts.

La transfusion sanguine.

Les petits pyjamas de Léo.

Sans prescription d'anticoagulant.

Je rapporte les vêtements propres.

Ils lui ont dit au téléphone de rester couchée.

Je donne un bain aux enfants de Caroline.

Personne n'a pensé qu'elle allait vraiment mal.

Les enfants disent tu ne sais pas comment faire.

Avec mon médecin elle ne serait pas morte.

Ils disent l'eau est trop chaude.

Elle avait raison.

Ils disent l'eau est trop froide.

Les médecins ne se valent pas les uns les autres.

C'est l'heure du dodo.

Il faut que je trouve ce numéro.

Je donne un bain aux enfants de Caroline.

Il faut que je trouve ce numéro.

Ils vident le tiroir de pyjamas.

Je frappe ma tête contre les murs.

Ils ne veulent pas se coucher.

Je saute dans la voiture.

Ils changent de lit tout le temps.

Je prends l'autoroute.

Ils veulent être bercés.
Je baisse la fenêtre.
Ils veulent une collation.
Je roule vite.
Ils veulent des jouets dans leur lit.
Je hurle jusqu'en Gaspésie.
Ils veulent un toutou introuvable.
Je prends le traversier.
Ils veulent une berceuse.
Je hurle sur le pont.
Tu ne sais pas comment maman faisait.
Je ne serai pas là pour les funérailles.
Elle chantait sur le bord du lit.
Je roule vite dans les courbes.
Elle chantait le Phoque en Alaska.
Ma mère habite loin.
Ils vont tous à la fenêtre.
Je frappe à la porte de ma mère.
Ils lèvent le rideau.
Je dis maman.
Ils crient maman.
Maman.
Maman.
Maman.

Au salon funéraire.
Ils montent dans la tombe.
Ils la bécotent.
Ils la chatouillent.
Ils lui disent des secrets.

Il y a des dessins.

Des soleils des fleurs des je t'aime.

La stupéfaction des visiteurs.

On veut crier.

Mais la voix fait défaut.

Comme dans un cauchemar.

On veut avancer.

Mais les pieds sont pris.

Comme dans un cauchemar.

Mon mari n'arrête pas de répéter ça.

Comme dans un cauchemar.

Le maire est là.

Venu en baver avec toute la population du village.

Le mari monte sur Caroline.

Il lui parle.

Il en a long à dire.

Qu'est-ce qu'il lui raconte.

Il faut que ça finisse.

Il faut dire au revoir à maman.

Au revoir maman.

Les petites mains font bye bye.

On ne va plus jamais la voir maintenant.

Attends papa.

Encore un bisou.

Moi aussi dit Cassandre.

Moi aussi dit Antoine.

Moi aussi dit Fanny.

Personne n'arrive à verser quelques larmes.

Il n'y a que des torrents sur les visages.

J'arrive à revenir.

Je suis là juste à temps pour les bains.

J'y vais un soir.
Deux soirs.
Trois soirs.
Ils pleurent.
Ils frappent.
Ils demandent.
Le mari avoue.
Il lui arrive d'espérer.
Caroline ouvrant la porte.
Bonsoir je suis revenue.
Mais Caroline ne revient pas.
Les yeux fixés sur la porte.
Les mains jointes.
C'est inutile.
Des photos d'elle partout.
Sa photo dans le journal.
Puis un soir un gâteau.
Viens prendre un morceau.
À qui la fête.
La fête à Caroline.
Papi et mamie sont là.
Des ballons.
Des guirlandes.
Des cadeaux pour les enfants.
Des anges sur le gâteau.
Merci vraiment.
Moi je fais couler le bain.
Moi je lave les enfants.
Je le fais bien.
Je suis là pour ça.
Je démêle les cheveux longs.

Je repère les bobos.
Les ongles sales.
Je mets les pyjamas.
Je ne suis là que pour ça.
Merci.
Vraiment.

Inspiration

(Musique. Pénombre. Des flocons de neige.)

Il a neigé.
Ce matin.
Sur le champ.
La première neige.
Le champ tout blanc.
L'arbre au milieu.
Novembre.
Il neige.
C'est normal.
J'ai rêvé.
Caroline dans un manteau blanc.
Elle m'a fait rire.
Elle m'a dit ne t'en fais pas.
Elle est repartie.
Les mains dans les poches.
Je me suis réveillée.
Il neigeait déjà.

Sur mon calepin.
Sur ma liste des tâches urgentes.
J'ai écrit en haut de la page.
Ressusciter Caroline.

(*La femme sort de la cuisine, laissant une porte ouverte derrière elle.*)

Dans la même collection :

1779, trois Bêtes à sept Têtes tome 1 et 2 (Johanne Pothier)
Clara Tremblay, chesseldéenne (Arlette Fortin)
La liste (Jennifer Tremblay)
Le carrousel (Jennifer Tremblay)
Le charme discret du café filtre (Amélie Panneton)
Les dessous de Larry's Launderette (David Décarie)
Le vent tout autour (Pierre Labrie)
Thure (Thierry Leuzy)
Tout ce qui brille (Jennifer Tremblay)

leseditionsdelabagnole.com

DISTRIBUTION EN AMÉRIQUE DU NORD
Canada et États-Unis :
Messageries ADP*
2315, rue de la Province
Longueuil (Québec) J4G 1G4
Pour les commandes : 450 640-1237
messageries-adp.com
*Filiale du groupe Sogides inc. ;
filiale de Quebecor Media inc.

DISTRIBUTION EN EUROPE
France :
INTERFORUM EDITIS
Immeuble Paryseine
3, Allée de la Seine
94854 Ivry-sur-Seine Cedex
Pour les commandes : 02.38.32.71.00
interforum.fr

Belgique :
INTERFORUM BENELUX SA
Fond Jean-Pâques, 6
1348 Louvain-La-Neuve
Pour les commandes : 010.420.310
interforum.be

Suisse :
INTERFORUM SUISSE
Route A.-Piller, 33 A
CP 1574
1701 Fribourg
Pour les commandes : 026.467.54.66
interforumsuisse.ch

Marquis Imprimeur Inc.

Québec, Canada
2012

PROTÉGEONS
NOS FORÊTS

CE CINQUIÈME TIRAGE
A ÉTÉ ACHEVÉ D'IMPRIMER EN MARS 2012
SUR LES PRESSES DE MARQUIS IMPRIMEUR À MONTMAGNY, QUÉBEC
SUR DU PAPIER ENVIRO 100 % RECYCLÉ